BEI GRIN MACHT SICH IHR WISSEN BEZAHLT

- Wir veröffentlichen Ihre Hausarbeit,
  Bachelor- und Masterarbeit

- Ihr eigenes eBook und Buch -
  weltweit in allen wichtigen Shops

- Verdienen Sie an jedem Verkauf

Jetzt bei www.GRIN.com hochladen
und kostenlos publizieren

Das HAPA-Modell, Messung der Konsumenteneinstellung, Untersuchung des Organisationsklimas

Madeleine Hartleff

GRIN ☺

Bibliografische Information der Deutschen Nationalbibliothek:

Die Deutsche Nationalbibliothek verzeichnet diese Publikation in der Deutschen Nationalbibliografie; detaillierte bibliografische Daten sind im Internet über http://dnb.d-nb.de abrufbar.

ISBN: 9783346471901
Dieses Buch ist auch als E-Book erhältlich.

Druck und Bindung: Books on Demand GmbH, Norderstedt Germany
Gedruckt auf säurefreiem Papier aus verantwortungsvollen Quellen

Das vorllegende Werk wurde sorgfältig erarbeitet. Dennoch übernehmen Autoren und Verlag für die Richtigkeit von Angaben, Hinweisen, Links und Ratschlägen sowie eventuelle Druckfehler keine Haftung.

Das Buch bei GRIN: https://www.grin.com/document/1041436

Sonderprüfung - Einsendeaufgabe
Aufgabe B

im Studiengang Psychologie (B. Sc.)
im Fach Wirtschaftspsychologie
an der
SRH Fernhochschule – The Mobile University, Riedlingen

eingereicht am: **18.08.2021**

Verfasserin: **Madeleine Hartleff**

Inhaltsverzeichnis

Abkürzungsverzeichnis

ADFC	Allgemeine Deutsche Fahrrad-Club e. V.
E-Bike	electric bike (elektrisches Fahrrad)
FEO	Fragebogen zur Erfassung des Organisationsklimas
HAPA	Health Action Process Approach (sozial-kognitives Prozess-modell gesundheitlichen Handelns
Pedelec	Pedal Electric Cycle
ZIV	Zweirad-Industrie-Verband

Abbildungsverzeichnis

1 Teilaufgabe B1

Laut einer Umfrage des Statistischen Bundesamt (2018) gibt es in Deutschland rund 12,5 Millionen Raucher (S. 17). Brinkmann (2014) schreibt, dass Rauchen zu den gesundheitsschädlichen Verhaltensweisen gehört, die vermeidbar sind. Jedes Jahr verscheiden allein in Deutschland ca. 110.000 Personen an den Folgen des Rauchens (Brinkmann, 2014, S. 303). In der Forschung konnte herausgefunden werden, dass Rauchen fast jedes Organ des menschlichen Körpers angreift und für mehr als 40 verschiedene Krankheitsbilder verantwortlich gemacht werden kann (Doll, 2000; zitiert nach Brinkmann, 2014, S. 303). Wie der Prozess der Raucherentwöhnung stattfinden kann, erläutert unter anderem das sozial-kognitive Prozessmodell gesundheitlichen Handelns (HAPA). Im nachfolgenden Text wird das HAPA-Modell im Allgemeinen erläutert. Abschließend wird eine Interventionsplanung für die Behandlung chronische Raucher erstellt, die das Rauchen aufgeben wollen.

1.1 HAPA-Modell

Das HAPA-Modell entwickelte sich bereits in den 1980er Jahren und wurde seither von Schwarzer und seinen Kollegen stetig weiterentwickelt (Schwarzer, 2004, S. 90). Nach Schwarzer (2004) besteht das Ziel des Modells darin gesundheitsfördernde und gesundheitsschädliche Verhaltensweisen vorherzusagen und zu erklären (S. 90). Schwarzer, Lippke und Luszczynska (2011) beschreiben, dass das Modell zwischen zwei unterschiedlichen Prozessen unterscheidet: Die präintentionale Motivationsprozesse, die zu einer Verhaltensabsicht führen und die postintentionalen Handlungsprozesse oder auch nachträgliche Willensprozesse genannt, die zum tatsächlichen Gesundheitsverhalten führen (Schwarzer et al., 2011, S. 162). Dabei wird den Selbstregulationsprozessen ein besonderes Interesse beigemessen (Brinkmann, 2014, S. 105). Grundständig zeichnet sich das Modell durch zwei Grundsätze aus: (1) es folgt ein Schritt nach dem anderen und (2) der Weg zur Verhaltensänderung ist nur gegeben, wenn ausreichend Selbstwirksamkeitserwartung vorhanden ist (Schwarzer, 2004, S. 90). In der Abbildung 1 wird das HAPA-Modell mit seinen zu jeder Phase zugeordneten Variablen und hypothetischen Beziehungen zwischen den Variablen dargestellt (Parschau et al., 2014, S. 43). Anschließend werden die einzelnen Phasen und die Variablen erläutert.

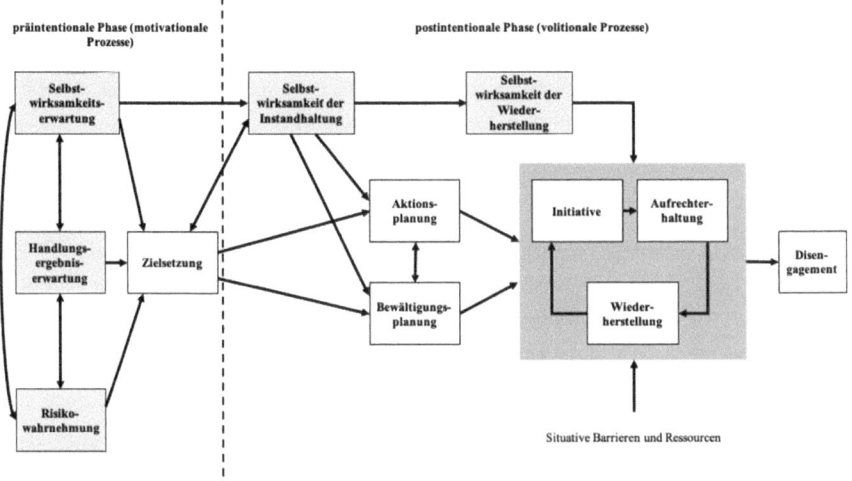

Abbildung 1: Das sozial-kognitive Prozessmodell des Gesundheitsverhaltens

(Quelle: Eigene Darstellung in Anlehnung an Schwarzer, 2004, S. 91, 2008, S. 6; Zhang, Zhang, Schwarzer & Hagger, 2019, S. 624)

1.1.1 präintentionale Phase

Im ersten Schritt, der Risikowahrnehmung, erkennt eine Person ihr eigenes Risiko für eine bestimmte Krankheit (Schwarzer et al., 2011, S. 162). Im Fall des chronischen Rauchers könnte es sein, dass die Person ihr oder sein Risiko für Herz-Kreislauf-Erkrankungen oder bestimmte Krebserkrankungen erkennt (Brinkmann, 2014, S. 307). Nach Schwarzer (2004) hängt die Wahrnehmung für bestimmte Krankheiten jedoch von der individuellen Einschätzung jeder einzelnen Person ab, aber auch von der eigenen Anfälligkeit gegenüber den möglichen Krankheiten (S. 91). Um diese Einschätzung zu beeinflussen, sind zum Beispiel Testergebnisse vom Arzt oder Medienberichte über Folgeerkrankungen nützlich (Vollmann & Weber, 2011, S. 402). Nach Schwarzer, Lippke und Ziegelmann (2008) reicht dies jedoch nicht aus, um eine Person zu veranlassen, eine Handlungsabsicht zu bilden. Hingegen wird nur die Voraussetzung geschaffen, dass die Person sich auf dieser Basis weitere Gedanken über mögliche Konsequenzen und erforderliche Kompetenzen macht (Schwarzer et al., 2008, S. 157 – 158).

6

Im zweiten Schritt folgen die Handlungsergebniserwartungen. Die Ergebniserwartungen spiegeln für die Person die eigenen Überzeugungen wider, ob das Eingreifen in das jetzige Verhalten überhaupt zum gewünschten Verhalten führen kann (Zhang et al., 2019, S. 624). In dieser Phase werden die Vor- und Nachteile und die entsprechenden Konsequenzen von der Verhaltensänderung für sich selbst abgewogen (Chiu, Lynch, Chan & Berven, 2011, S. 172). Ein chronisch Rauchender könnte zum Beispiel als Vorteil für die Aufgabe des Rauchens sehen, dass sein Lungenvolumen sich vergrößert und dadurch die sportlichen Leistungen steigen. Als Nachteil könnte die oder der Rauchende hingegen den sozialen Rückzug bei Feierlichkeiten sehen, weil sie oder er nicht mehr mit der Rauchergruppe draußen steht. Weiterhin konnte festgestellt werden, dass positive Ergebniserwartungen, wie etwa „Wenn ich mit dem Rauchen aufhöre, reduziere ich mein Herz-Kreislauf-Risiko" hauptsächlich in der Motivationsphase als wichtig angesehen wird, wenn eine Person die Vor- und Nachteile bestimmter Verhaltensergebnisse in Einklang bringt (Schwarzer et al., 2008, S. 158). Schwarzer (2004) weist darauf hin, dass die Handlungsergebniserwartungen die wichtigsten Grundsätze sind, um überhaupt eine Änderungsmotivation bei der Person hervorzurufen. Des Weiteren zeigen diese an, dass die Person sich mit der Thematik auseinandergesetzt hat und eine rationale Entscheidungsfindung stattfinden kann. Ebenso zeigt es, dass die Person Möglichkeiten kennt, um das unerwünschte Verhalten, in diesem Fall das Rauchen, aufzugeben. Auch wenn vielleicht noch nicht die notwendigen Kompetenzen vorhanden sind, um das erwünschte Verhalten umzusetzen (Schwarzer, 2004, S. 92).

Dem dritten Schritt, der Selbstwirksamkeitserwartung, wird die größte Bedeutung in der präintentionalen Phase beigemessen (Schwarzer, 2004, S. 92). Ein Grund dafür ist, dass die Person an ihre eigenen Fähigkeiten glauben muss, um das Ziel erreichen zu können (Schwarzer et al., 2011, S. 163). Bei einem Rauchenden könnte dies sein, dass sie oder er die Zigarette eines Bekannten dankend ablehnt, auch wenn ihr oder ihm dies schwerfällt. Die Erwartung der Selbstwirksamkeit spiegelt außerdem den Glauben eines Einzelnen in seine Fähigkeiten wider, mit Hindernissen umzugehen, die die beabsichtigte Maßnahme beeinträchtigen könnten (Zhang et al., 2019, S. 624). Nach Schwarzer und Kollegen (2011) steht die wahrgenommene Selbstwirksamkeit im Einklang mit den positiven Ergebniserwartungen, die beide wesentlich zur Bildung einer Absicht beitragen. Beide Überzeugungen sind erforderlich, um die Absicht zu entwickeln, komplexe Verhaltensweisen wie das Unterlassen des Rauchens anzunehmen (Schwarzer et al., 2011, S. 163). Des Weiteren schreibt Schwarzer (2004), dass eine hohe Erwartung von

Selbstwirksamkeit für die Person nicht nur mit dem Setzen von Zielen einhergeht, sondern auch mit der Investition in Anstrengungen. Dies bedarf wiederum viel Ausdauer und im Weiteren Verlauf wird die Wahrscheinlichkeit für einen Rückfall deutlich vermindert (Schwarzer, 2004, S. 92). Nach der Absichtsbildung bzw. dem Aufstellen von Zielen wird in die Willensphase übergegangen (Schwarzer et al., 2011, S. 163). An dieser Stelle muss erwähnt werden, dass Studien zeigen, dass Personen, die durchweg eine bescheidene Intentions-Verhaltens-Beziehung gezeigt haben, ihre Ziele nicht in die Tat umsetzen und somit nicht in die postintentionale Phase übertreten (Orbell & Sheeran, 1998; zitiert nach Zhang et al., 2019, S. 624).

1.1.2 postintentionale Phase

Zusammengefasst lässt sich sagen, dass es in der Volitionsphase darum geht, die zuvor beschlossenen Ziele zu planen und anschließend auszuführen, um sie abschließend beizubehalten, auch wenn es zu Beeinträchtigungen kommt (Schwarzer, 2004, S. 93). Innerhalb der postintentionalen Phase wird von drei aufeinander folgenden Prozessen ausgegangen: (1) der präaktionalen Phase mit der Aktions- und Bewältigungsplanung sowie den ersten Schritt, (2) der aktionalen Phase mit der Handlungsausführung und Aufrechterhaltung und (3) der postaktionalen Phase mit der Wiederherstellung oder dem Disengagement nach einem Misserfolg (Schwarzer, 2004, S. 93).

Neuere Forschungen zeigen, dass während der Willensphase sich ebenfalls Selbstwirksamkeitsprozesse abspielen. Nach Zhang und Kollegen (2019) können diese in die bereits bekannte Selbstwirksamkeitserwartung, sowie die Selbstwirksamkeit der Instandhaltung und der Selbstwirksamkeit der Wiederherstellung unterschieden werden. Die Selbstwirksamkeit der Wiederherstellung spiegelt die Fähigkeit einer Person wider, Rückschläge zu überwinden und sich von fehlgeschlagenen Versuchen zu erholen und das Zielverhalten weiter zu verfolgen und umzusetzen. Zhang und Kollegen (2019) schlagen in ihrem Modell vor, dass die Selbstwirksamkeitserwartung und die Selbstwirksamkeit der Instandhaltung oder Selbstwirksamkeit der Aufrechterhaltung, direkte Auswirkungen auf das Verhalten haben und miteinander in Verbindung stehen. (S. 624).

In der präaktionalen Phase werden zwei Formen der Planung im HAPA-Modell unterschieden: (1) die Aktionsplanung und (2) die Bewältigungsplanung. Nach Zhang und Kollegen (2019) hilft die Aktionsplanung Einzelpersonen dabei, wichtige Hinweise zu identifizieren, die anschließend zu Maßnahmen führen. Dabei geht es um Themen, wie zum Beispiel, wann das Rauchen aufgegeben werden kann und wo sich die Person während dieser Zeit befindet, aber auch wie die Person das Thema angeht. Durch diesen Plan erfolgt ein effektiveres Abrufen der Absicht und gleichzeitig ist das automatische Unterbinden der Handlung „Zigarette rauchen" effizienter. Hingegen umfasst die Planung der Bewältigung, das Identifizieren von Hindernissen, die die beabsichtigte Maßnahme zum Scheitern bringen könnte und die Erstellung von Plänen, um diese zu verwalten oder zu überwinden (Zhang et al., 2019, S. 624). Wenn Notfallpläne für schwierige Szenarien existieren, kann dies, nach Teng und Mak (2011), der Person außerdem helfen, sich etwas sicherer in ihrem Vorhaben zu fühlen und somit nicht direkt aufzugeben, wenn die Person mit Hindernissen konfrontiert wird. Eine hohe Selbstwirksamkeit im Bereich der Aufrechterhaltung des Verhaltens unterstreicht das Vertrauen in dem Umgang mit schwierigen Situationen, die bei der Planung und Durchführung der Aktion auftreten (Teng & Mak, 2011, S. 125). Die Planungsphase ist sozusagen eine mentale Simulation, um das wann, wo und wie im Einklang mit der Absicht zu bringen (Zhou et al., 2015, S. 65). Weiterhin ist in dieser ersten Willensphase wichtig, dass die Ziele realistisch sind und ein großes Ziel in viele kleine Unterziele unterteilt wird. Des Weiteren sollte nach jeder Zielerreichung eine Belohnung erfolgen, damit die Motivation aufrechterhalten bleibt (Schwarzer, 2004, S. 96).

In der anschließenden aktionalen Phase bieten die zuvor formulierten Pläne eine Art Selbstüberwachung für die Person. Nach Zhou und Kollegen (2015) macht der Verzicht auf das Rauchen die Menschen gleichzeitig auf ihre Absichten, Pläne und Verhaltensweisen aufmerksam. Dadurch können sich die Personen auf mögliche Diskrepanzen zwischen ihrer Planung und den durchgeführten Maßnahmen konzentrieren. Des Weiteren ist zu beachten, dass die Planung ein modifizierbares Instrument auf dem Weg der Verhaltensänderung ist (Zhou et al., 2015, S. 65, S. 67).

In dem obigen Modell ist die Handlung als eine in sich geschlossene Einheit dargestellt. Die Handlung beinhaltet die drei Variablen Initiative, Aufrechterhaltung und Wiederherstellung. In der Realität laufen diese Prozesse, laut Reuter und Schwarzer (2009), fortwährend ab und sind ineinander verschachtelt. Es findet unbewusst eine ständige Überwachung und Bewertung der Prozesse durch die Person statt. Während der Bewertung werden die Erfolge und Misserfolge betrachtet und entschieden, wo gegebenenfalls Pläne angepasst werden müssen (Reuter & Schwarzer, 2009, S. 42).

In der letzten Phase, der postaktionalen Phase, findet die Handlungsbewertung statt. Nach Schwarzer (2004) werden die Erfolge und Misserfolge festgestellt und bewertet. Misserfolge können sich negativ auf die Selbstwirksamkeit und die Volitionsphase auswirken. Unter Umständen kann es zu einer postaktionalen Zielentbindung, dem Disengagment, kommen. Wenn dies geschieht, dann wird das zu erzielende Gesundheitsverhalten als gescheitert erklärt und das alte Verhalten wieder angenommen (Schwarzer, 2004, S. 95). Beim Rauchen kann dies sein, dass der Wunsch zum Nichtraucher zu werden aufgegeben wird. Wenn hingegen ein Erfolg festgestellt wird, dann ist dies für die Zielerreichung und die Selbstwirksamkeit positiv und das anzustrebende Gesundheitsverhalten wird weiterverfolgt (Schwarzer, 2004, S. 95).

Zusammenfassend kann gesagt werden, dass das HAPA-Modell ein dynamisches Modell ist, dass gesundheitsbezogenes Verhalten beschreiben und erläutern kann. Im nachfolgenden Abschnitt wird eine Interventionsplanung auf der Basis des HAPA-Modells durchgeführt, die sich auf die Raucherentwöhnung bezieht.

1.2 Interventionsplanung auf der Basis des HAPA-Modells

Eine chronische Raucherin oder ein chronischer Raucher kann sich an unterschiedlichen Stellen im HAPA-Modell bewegen. Wie bereits oben zu lesen war, gibt es die Motivationsphase, die mit der Intention „Ich möchte das Rauchen aufgeben" abschließt und die Volitionsphase, in der es um die einzelnen Schritte der Umsetzung geht (Schwarzer, 2004, S. 97).

In der Motivationsphase ist es wichtig, dass den einzelnen Personen ihr persönliches Gesundheitsrisiko dargestellt wird. Dies kann zum Beispiel durch diverse Untersuchungen bei Fachärzten geschehen und zusätzlich durch die Bereitstellung von Infomaterialien, die mögliche Folgeerkrankungen darstellen. Wenn das eigene Risiko wahrgenommen wurde, geht es im zweiten Schritt, darum eine Handlungsergebniserwartung zu formulieren. Diese konnte sein, dass durch die Aufgabe des Rauchens die Gefahr an einer Herz-Kreislauf-Erkrankung zu leiden deutlich verringert wird. Für die Motivation und den späteren Willen ist es sehr wichtig, dass die Person, selbst daran glaubt, dass sie das Rauchen aufgeben kann. Wenn die Absicht „Ich will das Rauchen aufgeben" gefasst ist, kann es in der Willensphase mit der Aktions- und Bewältigungsplanung weitergehen. Für das „Wann, Wie und Wo" sollte in dieser Phase ein Plan gestaltet werden. Zum Beispiel könnte der Rauchende im Urlaub mit dem Rauchen aufhören, weil sie oder er dann entspannt ist und sich an die neue Situation gewöhnen kann, ohne großartige äußere Einflüsse. Das Wie kann gestaltet werden, in dem nach der letzten Zigarette in der Schachtel keine neue Schachtel gekauft wird und somit keine weitere Versuchung besteht.

Für die Bewältigungsplanung ist es wichtig, dass die oder der Rauchende sich bewusst macht, in welchen Situationen sie oder er bisher gerne zur Zigarette gegriffen hat. Wenn dies bevorzugt in stressigen beruflichen Situationen passiert, ist es sinnvoll, Entspannungstechniken zu erlernen, bevor das Rauchen aufgeben wird. Oder wenn die Person gerne neue Kontakte in der Raucherecke knüpft, so sollte die Person sich überlegen, wie sie zu den Nichtrauchern Kontakt aufbauen kann. In der Phase der Handlung wird empfohlen immer wieder das eigene Verhalten zu hinterfragen und zu regulieren. Wenn eine Zigarette abgelehnt wurde, darf die Person auf sich selbst Stolz sein und diesen Schritt entsprechend feiern. Wenn die Zigarette angenommen wurde, heißt es, dieses Verhalten zu akzeptieren und zu schauen, wie dieses Verhalten in der Zukunft unterbunden werden kann. Wichtig ist nur, dass kein Disengagement stattfindet, weil die Person denkt, dass sie es ja eh nicht schafft. Wenn sich das Verhalten der Person mit der Zeit gefestigt hat und das neue Gesundheitsverhalten verinnerlicht wurde, kann sich die oder der ehemalige Rauchende anderen Projekten widmen.

2 Teilaufgabe B2

Einer aktuellen Pressemitteilung des Zweirad-Industrie-Verbands (ZIV) kann entnommen werden, dass Fahrräder und E-Bikes an immer größerer Beliebtheit gewinnen. So sind sie nicht nur gesundheitsfördernd, sondern auch nachhaltig. Fahrräder und E-Bikes werden mittlerweile nicht mehr nur genutzt, um sich sportlich fit zu halten, sondern ebenso für die alltäglichen Wege, wie zum Beispiel den Weg zur Arbeit oder zum Einkaufen. Laut der ZIV hatten E-Bikes im Jahr 2019 bereits einen Marktanteil von 31,5 %. Langfristig rechnet der Verband mit einem Marktanteil von 50 % (Eisenberger, 2020, S. 1 – 2). Wenn diese Zahlen betrachtet werden, kommt die Frage auf, wie die Einstellung von (potenziellen) Fahrradkäufern gegenüber batterieunterstützenden Fahrrädern mit einem Elektrohilfsmotor gemessen werden kann. Auf diese Frage wird im nachfolgenden Text eingegangen.

2.1 Definition der Konstrukte

Bevor aber irgendetwas gemessen werden kann, ist es notwendig, die Konstrukte genau zu definieren (Raab, Unger & Unger, 2018, S. 70 – 71). Laut dem Duden ist ein Fahrrad ein „zweirädriges Fahrzeug, dessen Räder hintereinander angeordnet sind und das durch Treten von Pedalen angetrieben wird" (Duden, o. J.). Die Definition des E-Bikes ist hingegen nicht ganz so einfach. Nach dem ADFC (o. J.) werden Elektroräder in drei Kategorien unterteilt. Allgemein kann gesagt werden, dass ein Elektrorad ein Fahrrad mit einer elektromotorischen Unterstützung ist. In dieser Arbeit soll der Fokus auf dem Pedelec (Pedal Electric Cycle) liegen. Dieses unterstützt den Fahrenden mit einem Elektromotor bis zu einer Geschwindigkeit von 25 km/h (ADFC, o. J.).

Einstellungen werden in der Psychologie als eine mentale Haltung gegenüber einem Menschen, eines Objektes oder eines Vorschlags, verbunden mit einer Wertung oder einer Erwartung, definiert (Six, 2020). Nach Raab und Kollegen (2018) hat ein Mensch immer Erwartungen an seine Umwelt. Dadurch wird die Wahrnehmung der Dinge durch Einstellungen beeinflusst (Raab et al., 2018, S. 71). In diesem Fall soll also die individuelle Zu- und Abneigung eines potenziellen Käufers gegenüber einem Fahrrad bzw. E-Bike gemessen werden.

2.2 Messmethoden zur Messung von Einstellung und deren Anwendung

Nach Felser (2015) können für die Messung von Einstellungen verschiedenste Messmethoden verwendet werden. Im Rahmen der Untersuchung von Einstellungen könnten folgende Methoden in Betracht gezogen werden (Felser, 2015, S. 421): Blickbewegung; Eyes-on-Screen; implizite Maße; Verbalprotokoll; projektive Tests; Tiefeninterview; Pupillenreaktion; Hautwiderstand; Reaktionszeiten; Befragung; semantisches Differential; Programmanalysator und Fragebogen. Da in dieser Arbeit nicht alle Methoden besprochen werden können, werden nur drei Methoden ausgewählt und näher vorgestellt und angewendet. Des Weiteren sind nicht alle Methoden sinnvoll, wenn die Einstellungen gegenüber Fahrrädern bzw. E-Bikes gemessen werden soll.

2.2.1 Mobiles Eyetracking

Die Aufmerksamkeitsprozesse eines (potenziellen) Fahrradkäufers kann durch die Methode des mobilen Eyetracking erfasst werden (Felser, 2015, S. 421). Indirekt kann durch die Methode die Einstellung des Kunden gegenüber E-Bikes erfasst werden, in dem die Bewegungen des Kunden im Laden aufgenommen werden.

Kroeber-Riel und Meyer-Hentschel (1982) beschreiben, dass der Blick eines Menschen zwischen 200 und 400 Millisekunden auf einem Punkt verharrt. Wenn der Blick dann zu einem anderen Punkt wandert, dauert dies wiederum nur 30 bis 90 Millisekunden (Kroeber-Riel & Meyer-Hentschel, 1982, S. 79; zitiert nach Felser, 2015, S. 421).

Um den Blick und die Blickbewegung eines Probanden aufzuzeichnen verwendet die Marktforschung die Methode des mobilen Eyetracking oder der Blickbewegungen. Nach Briesemeister und Selmer (2020) wird dem (potenziellen) Fahrradkäufer eine Brille aufgesetzt, die mehrere Kameras enthält. Mit einer Kamera (Augenkamera) wird das Auge des Probanden gefilmt und mit einer zweiten Kamera (Szenenkamera) wird das Blickfeld des Probanden und somit seine Blickrichtung, aufgenommen. Mit dieser Brille kann sich der Versuchsteilnehmer frei durch den Fahrradladen bewegen und sich bei Bedarf durch einen Fachverkäufer beraten lassen. Am Ende gibt der Proband die Brille wieder bei dem Versuchsleiter ab. Dieser kann somit die Tour des Probanden durch den Laden auswerten und sehen für welche Dinge sich der Teilnehmer besonders interessiert hat und welche ihn weniger interessiert haben (Briesemeister & Selmer, 2020, S. 83).

Nach Felser (2015) lässt die Länge der Aufmerksamkeit für ein Objekt auf das spätere Kaufverhalten schließen (S. 422). Dadurch kann ebenfalls auf die Einstellung gegenüber einem Objekt geschlossen werden.

Nach Raab und Kollegen (2018) handelt es sich bei dem mobilen Eyetracking um eine nicht-teilnehmende, aber ebenso nicht verdeckten Beobachtung. Dadurch, dass dem Probanden bekannt ist, dass sie oder er etwas mit der Brille beobachten soll, ist umstritten, ob die Aufmerksamkeit für die Objekte verfälscht wird (Raab et al., 2018, S. 137). In diesem Fall könnten die Ladenbesucher gebeten werden im Rahmen einer Studie zum Ladendesign diese Brille aufzusetzen.

2.2.2 Verbalprotokoll

Bei einer weiteren Methode werden die Fahrradkäufer gebeten ihre Gedanken vor, während und nach dem Kaufvorgang laut zu äußern. Aufgrund dessen wird diese Messart auch die „Methode des lauten Denkens" genannt (Merk, Meister & Thunsdorff, 2015, S. 30). Diese Methode stammt unter anderem von O'Shaughnessy. Dieser forderte die Probanden auf ihr Kaufverhalten während der kompletten Zeit zu kommentieren (Felser, 2015, S. 423). Auf diese Weise entsteht ein Verbalprotokoll in Alltagssprache. Nach Merk und Kollegen (2015) können so Informationen über das vorhandene Wissen des Kunden bezüglich des Produktes gewonnen werden. Des Weiteren werden aber ebenso Informationen über früher gekaufte Produkte gewonnen. Weiterhin kann festgestellt werden, was dem Kunden beim Kauf eines Fahrrades oder E-Bikes besonders wichtig ist und was ihr oder ihm eher unwichtig ist (Merk et al., 2015, S. 30). Der Versuchsleiter kann aus diesen Informationen später ein Bild über die Wünsche und Bedürfnisse des Käufers und ihrer oder seiner impliziten Kaufregeln erstellen. Daraus kann wiederum die Einstellung gegenüber E-Bikes abgeleitet werden. Wenn die oder der Kunde während des Kaufes von gesundheitlichen Beeinträchtigungen redet und sich deshalb gegen ein sportlicheres Modell entscheidet, aber trotzdem kein E-Bike wählt, kann daraus geschlossen werden, dass der Kunde erst mal eine negative Einstellung gegenüber E-Bikes hat. Aus anderen Informationen kann aber vielleicht auch geschlossen werden, dass der Kundin oder dem Kunden hochwertige Komponenten wichtig sind und dies den Preisrahmen bei einem E-Bike übersteigen würde. Daraus kann wiederum geschlossen werden, dass der Proband eine positive Einstellung gegenüber E-Bikes hat.

Felser (2015) erwähnt weiterhin, dass bei Verbalprotokollen nicht automatisch davon ausgegangen werden darf, dass die oder der Kunde ehrlich von ihren oder seinen persönlichen Empfindungen und den tatsächlichen Absichten während dieses Kaufes reden (Nisbett & Wilson, 1977; zitiert nach Felser, 2015, S. 424). Weiterhin wird angemerkt, dass mit der Methode von O'Shaughnessy nur die Gedanken des Probanden abgerufen werden, die besonders präsent waren während der Situation (Felser, 2015, S. 424). Merk und Kollegen (2015) weisen außerdem darauf hin, dass die Entscheidungen für oder gegen ein Fahrradmodell durch die Käuferin oder den Käufer deutlich rationaler ausfällt, weil während dieser Zeit ein Reflexionsprozess abläuft. Da der Kauf eines Fahrrads jedoch kein alltägliches Einkaufen ist, darf davon ausgegangen werden, dass die eigentlichen Gründe für den Kauf eines Modells trotzdem korrekt erhoben werden können (Merk et al., 2015, S. 30).

2.2.3 Projektive Verfahren – Bildzuordnungs- oder Collagetechnik

Das dritte Verfahren, was vorgestellt wird, zählt zu den projektiven Verfahren. Grundsätzlich wird bei den projektiven Verfahren davon ausgegangen, dass durch eine indirekt gestellte Frage eine Projektionsfläche entsteht. Auf dieser sollen sich dann tief liegende Motive und Einstellung des Probanden widerspiegeln, die durch direkte Fragestellungen nicht nach außen getragen werden würden oder die den Probanden überhaupt nicht bewusst sind (Merk et al., 2015, S. 31).

Die projektiven Verfahren gehören, wie das Verbalprotokoll, den qualitativen Methoden an und sind somit nicht ganz einfach zu interpretieren (Felser, 2015, S. 426). In dieser Arbeit wird auf eine Unterform der projektiven Verfahren eingegangen – der Bildzuordnungs- oder Collagentechnik. Felser (2015) schreibt, dass diese Methode zum Beispiel in einem Marktforschungsinstitut mit einer Gruppe von verschiedenen Personen durchgeführt werden kann, oder auch mit Einzelpersonen. Jedem Probanden wird eine Aufgabe gestellt. In diesem Fall könnte diese lauten, dass jeder Proband einen typischen Anwendungsfall für ein E-Bike darstellen soll. Für diese Aufgabenstellung liegen verschiedene Werkmaterialien zur Verfügung, wie zum Beispiel Outdoor-Zeitschriften. Das Material für die Collage kann den bereitgestellten Materialien entnommen werden. Jeder Proband soll ihre oder seine eigene E-Bike-Welt entwickeln. Dazu können verschiedene Bild- und Textelemente zu einem Bild zusammengefügt werden (Felser, 2015, S. 426). Die Collagen sollen das Bild eines E-Bike fahrenden Menschen wiederspiegeln. Dies kann genauso unterschiedlich sein, wie es unterschiedliche E-Bikes gibt. Je nach Art der Erhebung, kann zum Beispiel im Anschluss noch eine kleine Gruppendiskussion stattfinden, in der jede einzelne Person ihre E-Bike-Welt erläutern kann (Felser, 2015, S. 426).

Abschließend kann gesagt werden, dass es verschiedenste Verfahren gibt, um die Einstellung von Konsumenten zu messen. Jedes Verfahren hat seine eigenen Besonderheiten und dementsprechend auch seine eigenen Vor- und Nachteile. Welches Verfahren das Richtige ist, muss anhand der konkreten Forschungsfrage überprüft werden.

3 Teilaufgabe B3

Jede Person, die bereits einmal eine neue Stelle angetreten hat, hat sich schnell mit der Atomsphäre im eigenen Team oder dem Unternehmen befasst (Schramm, 2017, S. 364). Das Betriebsklima ist somit ein recht geläufiges Konstrukt, das von den Mitarbeitern bewertet wird (Nerdinger, 2019, S. 164). Als Ergänzung zu diesem Konstrukt existiert das Organisationsklima.

Im Folgenden wird beschrieben, was die Psychologie unter dem Begriff des Organisationsklimas versteht und wie dies von den anderen Konstrukten der Arbeits- und Organisationspsychologie abgegrenzt werden kann. Weiterhin wird beschrieben, wie das Organisationsklima gemessen werden kann und wie es sich auf das Erleben und Verhalten der Organisationsmitglieder auswirkt.

3.1 Definition des Konstruktes Organisationsklima

Die Bezeichnung Klima wurde der Wetterkunde entnommen (Nerdinger, 2019, S. 164). Das Klima ist ein mittlerer und langfristiger Zustand der Atomsphäre in einer bestimmten Region (Jankowski, 2013). Lewin, Lippit und White sprachen 1939 erst mal in einen psychologischen Zusammenhang vom sozialen Klima. In dieser Studie untersuchten die Wissenschaftler in einem Experiment mit Kindern aggressives Verhalten in Gruppen (Lewin et al., 1939, S. 269). Im betrieblichen Kontext wurde später durch McGregor (1960) der Begriff „managerial climate" eingeführt, um das Verhältnis zwischen Führungskraft und Mitarbeitenden zu beschreiben (zitiert nach Nerdinger, 2019, S. 164). Dieses Konstrukt wurde in Deutschland als Betriebsklima bezeichnet und auf die Atomsphäre im ganzen Unternehmen übertragen (Nerdinger, 2019, S. 164).

Nach Schramm (2017) wird umgangssprachlich das Konstrukt Betriebsklima mit Dimensionen, wie Arbeitsbedingungen, Arbeitszufriedenheit oder dem Verhältnis zur Führungskraft oder dem Kollegium erläutert (S. 364). Aus wissenschaftlicher Sicht bezeichnet das Betriebsklima „die Qualität der sozialen Beziehungen innerhalb der Organisation und der diese prägenden Bedingungen, wie sie von der Belegschaft wahrgenommen und bewertet werden und deren Verhalten mit prägen" (von Rosenstiel, 2003, S. 27). Nerdinger (2019) weist außerdem darauf hin, dass beim Betriebsklima, die Mitarbeitenden ihr Erleben der Organisation bewerten (S. 164). Weiterhin ist wichtig, dass das Betriebsklima in der Vergangenheit von Soziologen erforscht wurde und stark von der

Human-Relations-Bewegung beeinflusst wurde (Conrad & Sydow, 1984, S. 13). Die Human-Relations-Bewegung hat, nach Nerdinger (2019), dafür geworben, die sozialen Beziehungen zwischen den Arbeitnehmern zu beeinflussen, um die Leistung der Mitarbeitenden zu steigern. Dieser Ansatz wurde jedoch bald verworfen, weil er neben dem Verdacht zur Manipulation weitere Schwachstellen gezeigt hat. Stattdessen hat die Arbeits- und Organisationspsychologie den Ansatz des Organisationsklimas weiterverfolgt (Nerdinger, 2019, S. 164).

Nach Schneider, Ehrhart, Macey und Zedeck (2011) befasst sich die frühe organisatorische Klimaforschung ebenfalls mit der Wahrnehmung des einzelnen Mitarbeiters. Nur wenige Ausnahmen haben das Klima in Bezug auf das individuelle Verhalten der Befragten als auch auf die organisatorische Wirksamkeit hin untersucht. Die frühere Interpretation des Klimas und die anschließende wissenschaftliche Debatte konzentrierte sich auf die Aspekte des Arbeitsumfeldes, die weitgehend das repräsentieren, was heute als Mitarbeiterzufriedenheit betrachtet wird (Schneider et al., 2011, S. 403). Schein (1965) beschäftigte sich bereits sehr früh mit dem Organisationsklima und beschrieb die Organisation als ein komplexes System, das als solches im Gesamten untersucht werden muss, um das Verhalten des Individuums in der Organisation verstehen zu können (zitiert nach Schneider, González-Romá, Ostroff & West, 2017, S. 3).

Laut Nerdinger (2019) geht der Ansatz des Organisationsklimas auf die Feldtheorie von Kurt Lewin zurück. In dieser Theorie wird das menschliche Erleben nicht nur aus der Sicht der Person selbst betrachtet, sondern als Summe des Zusammenspiels zwischen Person und Situation. Demnach berücksichtigt das Organisationsklima alle Aspekte einer Organisation, die für den Mitarbeitenden relevant sind (Nerdinger, 2019, S. 164). Dazu zählen nach von Rosenstiel und Nerdinger (2011) unter anderem: Kollegen, Vorgesetzte, Organisationsdiagramme mit entsprechenden Aufgabenbereichen, Information und Mitsprachemöglichkeiten, Zusammenarbeit zwischen den Abteilungen, Interessenvertretungen (z. B. in Form eines Betriebsrates) und betriebliche Leistungen (z. B. in Form von einen Zuschuss für die Kantine, eine Betriebskindertagesstätte oder geförderter Betriebssport) (S. 372 – 373). Nerdinger (2019) weist darauf hin, dass im Organisationsklima nicht die einzelne Bewertung des Mitarbeitenden, bezogen auf die genannten Merkmale, von Interesse ist, sondern die geteilte Wahrnehmung der gesamten Belegschaft (S. 164). Demnach definieren von Rosenstiel und Nerdinger (2011) das Organisationsklima als vergleichsweise standhaften Zustand der inneren Umwelt einer Organisation, die (1) durch deren Arbeitnehmer erlebt wird, (2) deren Verhaltensweisen formt und (3) durch die Werte einer konkreten Fülle von Eigenschaften der Organisation beschrieben werden kann (S. 371).

Wie das Organisationsklima jedoch aufgebaut ist, darüber ist sich die Wissenschaft noch nicht einig (Nerdinger, 2019, S. 164 – 165). James und Kollegen (2008) meinen, dass das Organisationsklima als Ergebnis der Wahrnehmung und Bedeutung von Arbeitsumgebungen von den einzelnen Personen entsteht und auf das persönliche Wertesystem der Personen zurückgeht. (S. 18). Dabei gehen die Forschenden davon aus, dass eine mangelnde gemeinsame Wahrnehmung darauf hinweist, dass keine Klimavariablen auf der Gruppenebene existieren. Das heißt dass das Fehlen einer gemeinsamen Klimawahrnehmung das Fehlen eines Organisationsklimas impliziert (James et al., 2008, S. 18).

Laut einer Übersichtsarbeit von Schneider und Kollegen (2017), kann das Organisationsklima nicht im Ganzen erfasst werden, sondern nur in Teilbereichen. Dabei werden Schwerpunkte im Prozess gesetzt. Zu den häufigsten Untersuchungen rund um das Thema Klima zählen das Sicherheitsklima, Dienstleistungsklima, Gerechtigkeitsklima, Führung und andere Vorboten auf das Klima, die Klimastärke sowie Methoden und Mehrebenenfragen in Bezug auf diese und andere Schwerpunkte (Schneider et al., 2017, S. 6).

Unabhängig von der Frage, wie sich das Organisationsklima entwickelt, muss eine weitere Abgrenzung von anderen, ähnlichen Konstrukten erfolgen (Nerdinger, 2019, S. 165). Weiter oben wurde das Organisationsklima bereits vom Betriebsklima abgegrenzt. In der Forschung wird für die Abgrenzung von Konstrukten, die die wahrgenommenen Arbeitsbedingungen oder die Einstellung von Mitarbeitenden messen sollen, gerne die Facettenanalyse verwendet (Nerdinger, 2019, S. 165). Nach dieser Analyse werden drei Facetten unterschieden (von Rosenstiel & Nerdinger, 2011, S. 371): (1) die Analyseeinheit mit Individuum und sozialen Aggregat; (2) das Analyseelement mit Arbeitsplatz und Organisation und (3) die Art der Messung mit der Beschreibung oder der Bewertung. Aus dieser Analyse ergeben sich anschließend acht Konzepte, die voneinander zu unterscheiden sind (von Rosenstiel & Nerdinger, 2011, S. 372). Die Arbeitszufriedenheit ist zum Beispiel in den Facetten Individuum, Arbeitsplatz und Bewertung eingeordnet. Hinwegen ist das Organisationsklima in den Facetten soziales Aggregat, Organisation und Beschreibung zu finden (von Rosenstiel & Nerdinger, 2011, S. 372). Laut Nerdinger (2019) wird zum Beispiel bei der Arbeitszufriedenheit gefragt, „Wie zufrieden sind sie mit der Betriebskantine?" Hingegen wird bei der Messung des Organisationsklimas eine Aussage getroffen, wie zum Beispiel „Es ist angenehm, für unser Unternehmen zu arbeiten" und die oder der Respondent kann zu stimmen oder diese Aussage ablehnen (Nerdinger, 2019, S. 165 – 166). Im nachfolgenden Abschnitt wird genauer darauf eingegangen, wie das Organisationsklima gemessen werden kann.

3.2 Messung des Organisationsklimas

Um das Organisationsklima zu messen gibt es verschiedene Fragebögen. Der „Fragebogen zur Erfassung des Organisationsklimas" (FEO) ist von Daumenlang und Müskens und kann über die Testzentrale bezogen werden (*FEO - Fragebogen zur Erfassung des Organisationsklimas – Hogrefe Verlag*, o. J.). Auf der Website der Testzentrale und der Websites des Instituts für Qualitätssicherung in Prävention und Rehabilitation GmbH an der Deutschen Sporthochschule Köln (iqpr) wird der Fragebogen folgendermaßen beschrieben: Dieser Fragebogen kann bei Jugendlichen und Erwachsenen eingesetzt werden, sobald diese berufstätig sind. Die Testung kann im Einzel- wie auch im Gruppenverfahren erfolgen. Der Einsatz des Fragebogens kann gleichermaßen bei profitorientierten und Non-Profit-Organisationen erfolgen, aber auch nur in einzelnen Arbeitsgruppen oder Teams. Insgesamt erfasst der FEO zwölf Dimensionen und beruht auf dem Zweifaktorenmodell des Führungsverhaltens von Blake und Mouton (1964). Der Fragebogen kann in Form der Selbsteinschätzung erhoben werden, aber auch im Rahmen der Fremdeinschätzung. Bei der Fremdeinschätzung kann zum Beispiel der Vorgesetzte bewertet werden. Dabei werden jedoch nur einzelne Skalen verwendet (Daumenlang, 2006; *FEO - Fragebogen zur Erfassung des Organisationsklimas – Hogrefe Verlag*, o. J.).

Ein weiterer Fragebogen wurde durch von Rosenstiel entwickelt. Nach Nerdinger (2019) ist dies der bekannteste Fragebogen im deutschsprachigen Raum (S. 166). Dieser Fragebogen ist in einer Zusammenarbeit zwischen von Rosenstiel und Bögel (1992) entstanden und befasst sich mit dem Betriebsklima als Oberbegriff für das Organisationsklima (S. 19). Der Fragebogen besteht insgesamt aus sieben Dimensionen, die sich auf 72 Fragen aufteilen. Das Ziel des Fragebogens ist es nicht nur Vergleichswerte zu erheben, sondern ebenso die durch die Belegschaft wahrgenommenen Bedingungen im Betrieb zu erfassen (von Rosenstiel & Bögel, 1992, S. 40).

Wie sich die erhobenen wahrgenommenen Bedingungen im Betrieb auf die Organisationsmitglieder auswirkt, wird im letzten Abschnitt beschrieben.

3.3 Wirkung des Organisationsklimas auf die Mitglieder einer Organisation

Die Wirkung des Organisationsklimas wurde in Metastudien genauer betrachtet. Die Schwierigkeit bei diesen Vergleichen liegt darin, dass das Organisationsklima teilweise sehr unterschiedlich gemessen wird (Nerdinger, 2019, S. 167).

In der Metaanalyse von Parker und Kollegen (2003) konnte festgestellt werden, dass es einen signifikanten Zusammenhang zwischen der psychologischen Klimawahrnehmung von Personen mit ihrer Arbeitszufriedenheit, Arbeitseinstellung und ihrem psychischen Wohlbefinden, ihrer Motivation und ihrer Leistung gibt. Es muss jedoch dazu gesagt werden, dass jede der psychologischen Klimakategorien auf ein etwas anderes Beziehungsmuster mit anderen Ergebnissen hinweist. Im Allgemeinen sind die Arbeits- und Rollenwahrnehmungen der Mitarbeiter die schwächsten Beziehungen zu allen Ergebnisvariablen. Die Wahrnehmungen von Führungskräften, Arbeitsgruppen und Organisationen sind bezüglich der Arbeitseinstellungen der Mitarbeiter am ehesten vorhersagbar. Ein ähnliches Bild zeigt sich für die Beziehung des psychologischen Klimas zur Motivation und Leistung der Mitarbeiter. Insgesamt scheint die psychologische Klimawahrnehmung der Mitarbeiter eine stärkere Beziehung zu ihrer Arbeitseinstellung zu haben als zu ihrer Motivation und Leistung. Dieses Beziehungsmuster legt nahe, dass die Auswirkungen des psychologischen Klimas auf Motivation und Leistung durch die Arbeitseinstellung der Mitarbeiter vermittelt werden können (Parker et al., 2003, S. 402 – 403).

Zusammenfassend lässt sich sagen, dass sich die Forschung nicht einig ist, wie das Organisationsklima definiert wird. Des Weiteren wird es häufig mit anderen Konstrukten, wie dem Betriebsklima oder der Arbeitszufriedenheit verwechselt. Entsprechend schwierig ist es, dieses Konstrukt zu messen. Die Wirkung des Organisationsklimas kann dadurch auch nur eingeschränkt beurteilt werden, weil es viele verschiedene Studien gibt, die aber teilweise unterschiedliche Sachverhalte messen.

Literaturverzeichnis

ADFC. (o. J.). Pedelecs und E-Bikes. Verfügbar unter: https://www.adfc.de/artikel/pedelecs-und-e-bikes/

Briesemeister, B., & Selmer, W. K. (2020). Neuromarketing in der Praxis: Den Emotionen auf der Spur - Implizite Kauftreiber erkennen und als Verkaufstreiber nutzen (1.). Wiesbaden: Springer Fachmedien. doi: 10.1007/978-3-658-27686-7

Brinkmann, R. (2014). Angewandte Gesundheitspsychologie (1.). Hallbergmoos: Pearson.

Chiu, C.-Y., Lynch, R. T., Chan, F., & Berven, N. L. (2011). The Health Action Process Approach as a motivational model for physical activity self-management for people with multiple sclerosis: A path analysis. Rehabilitation Psychology, 56(3), 171 – 181. doi: 10.1037/a0024583

Conrad, P., & Sydow, J. (1984). Organisaitonsklima (1.). Berlin: Walter de Gruyter.

Daumenlang, K. (2006, März 10). FEO, Fragebogen zur Erfassung des Organisationsklimas. Verfügbar unter: http://www.assessment-info.de/assessment/seiten/datenbank/vollanzeige/vollanzeige-de.asp?vid=413

Doll, R. (2000). Fifty years of research on tobacco. Journal of Epidemiology and Biostatistics, 5(6), 312 – 329.

Duden | Fahrrad | Rechtschreibung, Bedeutung, Definition, Herkunft. (o. J.). Verfügbar unter: https://www.duden.de/rechtschreibung/Fahrrad

Eisenberger, D. (2020). Fahrrad- und E-Bike-Markt 2018. Verfügbar unter: https://www.ziv-zweirad.de/fileadmin/redakteure/Downloads/PDFs/PM_2020_11.03._Fahrrad-_und_E-Bike_Markt_2019.pdf

Felser, G. (2015). Werbe- und Konsumentenpsychologie (4.). Berlin: Springer. doi: 10.1007/978-3-642-37645-0

FEO - Fragebogen zur Erfassung des Organisationsklimas – Hogrefe Verlag. (o. J.). Verfügbar unter: https://www.testzentrale.de/shop/fragebogen-zur-erfassung-des-organisationsklimas.html

James, L. R., Choi, C. C., Ko, C.-H. E., McNeil, P. K., Minton, M. K., Wright, M. A., & Kim, K. (2008). Organizational and psychological climate: A review of theory and research. European Journal of Work and Organizational Psychology, 17(1), 5 – 32. doi: 10.1080/13594320701662550

Jankowski, S. (2013, August 1). Was ist eigentlich Klima?. Verfügbar unter: https://www.umweltbundesamt.de/service/uba-fragen/was-ist-eigentlich-klima

Kroeber-Riel, W., & Meyer-Hentschel, G. (1982). Werbung: Steuerung des Konsumentenverhaltens. (1.). Würzburg: Physica.

Lewin, K., Lippitt, R., & White, R. K. (1939). Patterns of Aggressive Behavior in Experimentally Created "Social Climates". The Journal of Social Psychology, 10(2), 269 – 299. doi: 10.1080/00224545.1939.9713366

McGregor, D. (1960). The human side of enterprise (1.). New York: McGraw-Hill.

Merk, J., Meister, A., & Thunsdorff, C. (2015). Markt- und Werbepsychologie (2.). Studienbrief der SRH Fernhochschule, Riedlingen.

Nerdinger, F. W. (2019). Organisationsklima und Organisationskultur. In F. W. Nerdinger, G. Blickle, & N. Schaper (Hrsg.), Arbeits- und Organisationspsychologie (4., S. 163 – 177). Berlin, Heidelberg: Springer. doi: 10.1007/978-3-662-56666-4_11

Nisbett, R. E., & Wilson, T. D. (1977). Telling more than we know: Verbal reports and mental shopping processes. Psychological Review, 84, 231–259.

Orbell, S., & Sheeran, P. (1998). „Inclined abstainers": A problem for predicting health-related behaviour. The British journal of social psychology, 37(2), 151 – 165. doi: 10.1111/j.2044-8309.1998.tb01162.x

Parker, C. P., Baltes, B. B., Young, S. A., Huff, J. W., Altmann, R. A., LaCost, H. A., & Roberts, J. E. (2003). Relationships between psychological climate perceptions and work outcomes: A meta-analytic review. Journal of Organizational Behavior, 24(4), 389 – 416. doi: 10.1002/job.198

Parschau, L., Barz, M., Richert, J., Knoll, N., Lippke, S., & Schwarzer, R. (2014). Physical activity among adults with obesity: Testing the Health Action Process Approach. Rehabilitation Psychology, 59(1), 42 – 49. doi: 10.1037/a0035290

Raab, G., Unger, A., & Unger, F. (2018). Methoden der Marketing-Forschung: Grundlagen und Praxisbeispiele (3.). Wiesbaden: Springer Fachmedien. doi: 10.1007/978-3-658-14881-2

Reuter, T., & Schwarzer, R. (2009). Verhalten und Gesundheit. In J. Bengel & M. Jerusalem (Hrsg.), Handbuch der Gesundheitspsychologie und Medizinischen Psychologie (1., S. 34 – 45). Göttingen: Hogrefe.

Schein, E. H. (1965). Organizational psychology (1.). Englewood Cliffs, NJ: Prentice Hall.

Schneider, B., Ehrhart, M. G., & Macey, W. H. (2011). Perspectives on organizational climate and culture. In S. Zedeck (Hrsg.), APA handbook of industrial and organizational psychology (1., S. 373 – 414). Washington, D. C.:American Psychological Association. doi: 10.1037/12169-012

Schneider, B., González-Romá, V., Ostroff, C., & West, M. A. (2017). Organizational climate and culture: Reflections on the history of the constructs in the Journal of Applied Psychology. The Journal of applied psychology, 102(3), 1 – 16. doi: 10.1037/apl0000090

Schramm, F. (2017). Betriebsklima. In A. Martin (Hrsg.), Organizational Behavior: Verhalten in Organisationen (2., S. 364 – 376). Stuttgart: Kohlhammer.

Schwarzer, R. (2004). Psychologie des Gesundheitsverhaltens: Einführung in die Gesundheitspsychologie (3.). Göttingen: Hogrefe.

Schwarzer, R. (2008). Modeling Health Behavior Change: How to Predict and Modify the Adoption and Maintenance of Health Behaviors. Applied Psychology, 57(1), 1 – 29. doi: 10.1111/j.1464-0597.2007.00325.x

Schwarzer, R., Lippke, S., & Luszczynska, A. (2011). Mechanisms of health behavior change in persons with chronic illness or disability: The Health Action Process Approach (HAPA). Rehabilitation Psychology, 56(3), 161 – 170. doi: 10.1037/a0024509

Schwarzer, R., Lippke, S., & Ziegelmann, J. P. (2008). Health action process approach: A research agenda at the Freie Universität Berlin to examine and promote health behavior change. Zeitschrift für Gesundheitspsychologie, 16(3), 157 – 160. doi: 10.1026/0943-8149.16.3.157

Six, B. (2020). Einstellung. In M. A. Wirtz (Hrsg.), Dorsch - Lexikon der Psychologie. Verfügbar unter: https://portal.hogrefe.com/dorsch/einstellung/

Statistisches Bundesamt. (2018). Mikrozensus - Fragen zur Gesundheit - Rauchgewohnheiten der Bevölkerung - 2017. Verfügbar unter https://www.destatis.de/DE/Themen/Gesellschaft-Umwelt/Gesundheit/Gesundheitszustand-Relevantes-Verhalten/Publikationen/Downloads-Gesundheitszustand/rauchgewohnheiten-5239004179004.pdf?__blob=publicationFile&v=4

Teng, Y., & Mak, W. W. S. (2011). The role of planning and self-efficacy in condom use among men who have sex with men: An application of the Health Action Process Approach model. Health Psychology, 30(1), 119 – 128. doi: 10.1037/a0022023

Vollmann, M., & Weber, H. (2011). Gesundheitspsychologie. In A. Schütz, M. Brand, H. Selg, & S. Lautenbacher (Hrsg.), Psychologie: Eine Einführung in ihre Grundlagen und Anwendungsfelder (4., S. 394 – 410). Stuttgart: Kohlhammer.

von Rosenstiel, L. (2003). Betriebsklima und Leistung—Eine wissenschaftliche Standortbestimmung. In U.-M. Hangebrauck, K. Kock, E. Kutzner, & G. Musemann (Hrsg.), Handbuch Betriebsklima (1., S. 23 – 38). München, Mering: Rainer Hampp Verlag.

von Rosenstiel, L., & Bögel, R. (1992). Betriebsklima geht jeden an! (4.). München: Bayerisches Staatsministerium für Arbeit und Sozialordnung, Familie, Frauen und Gesundheit.

von Rosenstiel, L., & Nerdinger, F. W. (2011). Grundlagen der Organisationspsychologie: Basiswissen und Anwendungshinweise (7.). Stuttgart: Schäffer-Poeschel Verlag.

Zhang, C.-Q., Zhang, R., Schwarzer, R., & Hagger, M. S. (2019). A meta-analysis of the health action process approach. Health Psychology, 38(7), 623 – 637. doi: 10.1037/hea0000728

Zhou, G., Gan, Y., Miao, M., Hamilton, K., Knoll, N., & Schwarzer, R. (2015). The role of action control and action planning on fruit and vegetable consumption. Appetite, 91, 64 – 68. doi: 10.1016/j.appet.2015.03.022